國家圖書館出版品預行編目資料

密爾頓‧赫爾希 / 張燕風著;吳楚璿繪.－－初版
一刷.－－臺北市: 三民, 2017
面; 公分－－(兒童文學叢書/創意MAKER)

ISBN 978－957－14－6304－9 (精裝)

1. 赫爾希(Hershey, Milton, 1857－1945)
2.傳記 3.通俗作品 4.美國

781.08　　　　　　　　　　　　106009556

ⓒ 密爾頓‧赫爾希

著 作 人	張燕風
繪　　者	吳楚璿
主　　編	張燕風
企劃編輯	郭心蘭
責任編輯	徐子茹
美術設計	蔡季吟
發 行 人	劉振強
著作財產權人	三民書局股份有限公司
發 行 所	三民書局股份有限公司
	地址　臺北市復興北路386號
	電話　(02)25006600
	郵撥帳號　0009998－5
門 市 部	(復北店)臺北市復興北路386號
	(重南店)臺北市重慶南路一段61號
出版日期	初版一刷　2017年7月
編　　號	S 858041

行政院新聞局登記證局版臺業字第○二○○號

有著作權‧不准侵害

ISBN　978－957－14－6304－9　(精裝)

創意
MAKER

密爾頓 · 赫爾希 Milton Hershey

巧克力天才

張燕風 / 著　吳楚璿 / 繪

三民書局

主編的話　　　　　抬頭見雲

　　隨著「近代領航人物」系列廣獲好評，並獲得出版獎項的肯定，三民書局的出版團隊也更有信心繼續推出更多優良兒童讀物。

　　只是接下來該選什麼作為新系列的主題呢？我和編輯們一起熱議。大家思考間，偶然抬起頭，見到窗外正飄過朵朵白雲。

　　有人興奮的說：「快看！大畫家畢卡索一手拿調色盤，一手拿畫筆，正在彩繪奇妙的雲朵！」

　　是呀！再看那波浪一般的雲層上，建築大師高第還在搭建他的尖塔！

　　左上角，艾雪先生舞動著他的魔幻畫筆，捕捉宇宙的無限大，看見了嗎？

　　嘿！盛田昭夫在雲層中找到了他最喜愛的 CD，正把它放入他的隨身聽……

　　閃亮的原子小金剛在手塚治虫大筆一揮下，從雲霄中破衝而出！

　　在雲端，樂高積木堆砌的太空梭，想飛上月球。

　　麥克沃特兄弟正在測量哪一朵雲飄速最快，能夠成為金氏世界紀錄。

　　……

　　有了，新的叢書就鎖定在「創意人物」這個主題上吧！

　　大家同聲附和：「對，創意實在太重要了！我們應該要用淺顯的文字、豐富的圖畫，來為小讀者們說創意人物的故事。」

　　現代生活中，每天我們都會聽見、看見和接觸到「創意」這兩個字。但是，「創意」到底是什麼？有人說，「創意」就是好點子。但好點子是如何形成的？又是在什麼樣的環境助長下，才能將好點子付諸實現，推動人類不斷向前邁進？

　　編輯團隊為此挑選了二十個有啟發性的故事，希望解答上述的問題，並鼓勵小讀者們能像書中人物一般對事物有好奇心，懂得問「為什麼」，常常想「假如說」，努力試「怎麼做」。讓想像力充分發揮，讓好點子源源不絕。老師、家長和社會大眾也可以藉此叢書，思索、探討在什麼樣的養成教育和生長環境裡，才能有效的導引兒童走向創意之路？

　　雲屬於大自然，它千變萬化，自古便帶給人們無窮想像；雲屬於艾雪、盛田昭夫、高第、畢卡索……這些有突出想法的人，雲能不斷激發他們的創意；雲也屬於作者、插畫家和編輯團隊，在合作的過程中，大家都曾經共享它的啟發。

　　現在，雲也屬於本書的讀者。在看完這本書以後，若有任何想法或好點子願意與大家分享，歡迎寄到編輯部的信箱 sanmin6f@sanmin.com.tw。讀者的鼓勵與建議，永遠是編輯團隊持續努力、成長的最大動力。

　　　　　　　　　　　　　　　　　　　　　　　　2015 年春寫於加州

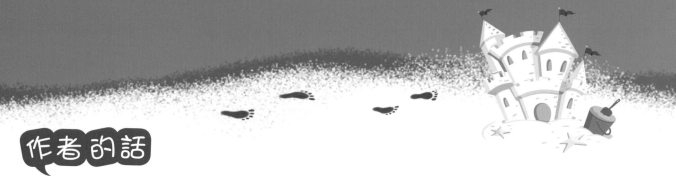

作者的話

　　當我們說起「創意人物」的時候，常常想到的是一些有天分、有學識的天才型藝術家、設計師或者是工程師。那麼，經營糖果生意的企業家，也會是一位「創意人物」嗎？

　　現代生活中，「巧克力」是廣受一般人歡迎的糖果，大家都非常熟悉它綿密香濃的口感。大概沒有人會想到，歷史上曾經只有貴族或富有的人才能吃得起巧克力吧？

　　密爾頓・赫爾希先生很了不起，他讓巧克力後來能夠普及成為眾人都喜愛的糖果，更了不起的是他能夠以創新的經營方式去造福社會。

　　密爾頓是賀喜巧克力公司的創辦人。他出身貧寒，既不是智商過人，又沒有高深的學歷，但他擁有一個寬大仁慈的胸懷，對人對事，都從內心的「好心好意」出發，而不會先去想如何能獲得更多的利益。這種心態驅使他不斷的產生一般人沒有過的想法，而成為一個大家尊敬的創意人物。我們可以說，「好意」是推動密爾頓實現「創意」的最大動力。

　　密爾頓從小就被母親送去糖果店學手藝當學徒。因為「好意」想要顧客能嚐到更好吃的糖果，他努力試驗、調配出許多與眾不同的口味，累積了大量的產品經驗。

　　當時巧克力糖價格昂貴。在歐洲只有上層社會的人才能享用，而在美國，一般人是買不起的。因為「好意」想讓所有的人都能嚐到巧克力的美味，他發揮「創意」，製作出物美價廉的牛奶巧克力棒、和賀喜之吻巧克力糖，讓人不分貴賤都能享受甜蜜滋味在口中融化的幸福感覺。

　　事業成功後，因為感念員工們和他共同打拚，密爾頓又「好意」的為員工們打造出一個可以安居樂業，生活機能完整的「賀喜鎮」。這個造鎮的「創意」，促使員工更加努力，公司業務日見茁壯，現在「賀喜鎮」已成為企業典範而舉世聞名。

　　密爾頓夫婦沒有生過孩子，但他們願意當所有孤兒的爸媽，並「好意」的為孤兒們在賀喜鎮內建造一所學校，專收從幼兒園到高中年齡的孤兒，傳授知識和技能，讓他們日後都能自力更生。學校的管理模式也很有創意噢，舉例來說，學生們沒有宿舍，而是分住在員工家裡，成為家中的一分子。學生們每天清晨要先去農場上擠牛奶或做完社區服務工作後才能去上課呢。

　　賀喜巧克力至今仍是一個成功而令人尊敬的企業。他們的產品在全世界，依然廣受大眾喜愛。密爾頓以「好意」而不以「利益」做為經營的驅動力，帶出源源不絕的新穎想法和做法，使他成為一位響噹噹的創意人物。

序幕

時間：1942 年 9 月 12 日，3：10 PM
地點：第二次世界大戰歐洲戰
場，美軍戰壕中。

「敵軍在這裡固守，頑強的和我們對抗，你看，我們已經損失了那麼多弟兄，還是攻不下來。唉，我快累死了，真想抽根菸放鬆一下……」戰壕裡，年輕士兵比利對伙伴喬治說。

話還沒說完，就聽到一陣吼叫：「一四五排向前衝啊！」

「兄弟，沒空休息了，我先衝上去，你掩護我……」喬治一邊說一邊衝出戰壕，比利

迅速架起機關槍在後方掩護。

衝啊！衝啊！滿天都是炮火，劇烈的爆炸聲好像要把空氣都劈了開來。比利一面對著敵人掃射，一面注意喬治的動靜，突然，前方傳來一聲慘叫。

不好！喬治中彈了！

比利急忙跑了過去，看見喬治右腿血流如注，正倒在地上痛苦的呻吟著。

「伙伴，你要挺住！」他俯下身在喬治耳邊大聲喊道。

「我的腿不能動了，把水壺給我，你快衝上去吧。」喬治按著腿上的傷，神情痛苦。

「我不能丟下你不管，我這就去找救護兵過來。」比利把喬治

拖到一堵掩護的矮牆後面，拿出水壺，慢慢將水灌進他的口中。

「我不行了，你快走……」喬治看起來迷迷糊糊的，好像快失去意識了。

「別慌！你一定會沒事的。」比利安慰他，一邊很快的在腰間補給包中翻找，拿出一個咖啡色硬塊，用小刀切下一角，塞入喬治嘴裡。

喬治半閉著眼睛，感到一股熟悉的濃郁巧克力味在舌尖化了開來，使他不禁露出了笑容。緊接著大腿又傳來陣陣劇痛，霎時，隆隆的炮聲停止了，眼前陷入一片黑暗，喬治便什麼也感覺不到了。

# 神奇的賀喜巧克力

時間：1942 年 9 月 17 日，10：45 AM
地點：第二次世界大戰歐洲戰
場，美軍戰地醫院。

喬治半躺在床上，看著上午
的陽光暖暖的從窗戶照進簡陋的
病房來。

「喀！」房門打開了一條縫，
有個人探頭進來，左右張望了一
下──是比利。

「太好了！你終於醒了！」比
利看見他，興奮的跑上前去，激
動的說:「告訴你一個好消息，我
們達成任務了！終於攻下來了！」

「嘿，好小子，我們攻下陣地啦，真是太棒了！」喬治語氣輕鬆的說，臉上露出燦爛的笑容。

比利正想問他傷勢如何，卻突然發現，喬治被單下右腿的部分空扁扁的。

一絲黯然流過喬治年輕的臉龐，他低聲說：「是的，我失去了右腿，不能再打仗了，以後也沒有前途了……」

比利不忍見好友難過，鼓勵他說：「喬治，我們一四五排都是最勇敢的戰士，除了上戰場以外，還有很多其它有意義的事等著我們去做啊！」

喬治笑笑，轉變了話題：「比利，那天我倒在地上，痛得不省人事，你塞了一塊東西到我嘴裡，那個是巧克力吧？」

比利點點頭，從腰間補給包中取出一塊堅硬的軍用巧克力，說：「就是這玩意兒，所有補給包裡都有的，它可以在緊急狀況時

吃下去，補充體力外還可以穩定情緒。最重要的是，它大概算是補給包裡最好吃的東西！」

想起補給包裡那些乾巴巴、又冷又硬，幾乎難以下嚥的軍糧，喬治也忍不住笑了。「多虧了這東西，我才能撐過來。當時它的味道讓我想起媽媽烤的蛋糕，想著媽媽溫暖的臂彎，我的痛楚就減少了。」

「告訴你，這可是我的家鄉之光呢！」比利得意的說，一面指了指包裝盒側面印有「賀喜巧克力公司製造」的字樣，說：「你也知道，我家在賓州的蘭開斯特

城，那裡離賀喜鎮大概只有半個小時的車程。我家有座大農場，和周圍鄰居們一樣，我們專門飼養乳牛，生產新鮮牛奶供應給賀喜公司製作成巧克力產品。兄弟們身上帶著的這種軍用巧克力，說不定還有我家乳牛的奶水摻和在其中呢。」

喬治笑著說：「早說嘛！我最喜歡吃巧克力了，尤其是一口一個的『賀喜之吻』。不久以後我就要被送回國了，聽說賀喜鎮是個很有趣的地方，我家在紐約市，離那兒也

不算遠，等我把腿傷養好後，很想帶著我的女朋友一起去那個鎮看看，痛痛快快的大吃不同口味的巧克力！」

「好呀！那你可要快點把傷養好，戰爭結束後我就去找你！」比利把手中的軍用巧克力拋給了喬治。

喬治伸手接住，笑得十分開心。「一言為定！」

好友重逢

時間：1945 年 10 月 5 日，9：20 AM

地點：美國賓夕法尼亞州，賀喜鎮。

　　戰爭結束了。望著車窗外寧靜的早晨街景，比利依然覺得一切都很不真實。在他的外套右邊口袋裡，靜靜的躺著一張從賀喜鎮寄來的明信片，讓他知道，他的好友不僅實現了願望，而且還過得很好。

　　當車子開進賀喜鎮的時候，比利不禁驚奇的睜大了眼睛，這已不是他兒時記憶中的小鎮了，除了偌大的工廠之外，鎮上還有教堂、銀行、郵局、商店、學校、高爾夫球場、劇院、遊樂場，甚至還有一個動物園！真是應有盡有。四周的住家房子每棟都不同，各有特色，也各有一個精緻的草坪花園。鎮中心有兩條交叉的大道：巧克力大道和可可大道，分支的街道則用可可豆生產的各地方命名。

　　喬治的家就在爪哇街上，那是一棟白色小屋，有藍色窗框和紅色的大門。喬治拄著拐杖，妻子艾蜜莉懷抱著剛出生的兒子，

一家人正站在門口，等待迎接比利呢。

「你終於來了！還以為你這個無情無義的傢伙已經忘了我呢！」喬治笑著給好友一個大擁抱。

「放過我吧，我兩星期前才回到美國呢！」比利也笑了，幾個人氣氛熱絡的走進屋裡。

「不過我還真是驚訝，你不但真的來到賀喜鎮，甚至在這裡定居了，這樣我們以後也算是鄰居了吧。」坐下後，比利問道：「你當初為什麼想住下來呢？」

「當我在戰場上被炮彈擊中時，那塊巧克力香濃的滋味，給了我活下去的神奇力量。因此腿

傷痊癒後，我就決定來賀喜鎮看看。」喬治說：「我沒有想到這個鎮的規模這麼龐大而完整，像一個理想的王國。那時我很幸運的見到了赫爾希先生，他是一位和藹可親又平易近人的老先生，他要我直呼他的名字：密爾頓，這樣比較親切。他看見我為國犧牲了一條腿，就拍著我的肩膀鼓勵我，並要求我留下來當學校的老師。我的妻子也可以在工廠裡工作，我們用非常合理的價錢買下這棟房子，就這樣留下來了。」

比利環顧了一下四周，說：「看來你們很滿意這裡的生活。」

喬治熱切的回答：「是的！比利，你能在我家住幾天嗎？我想

向你介紹一下這裡的環境，你應該有很多年沒來了吧！而且你不是剛從戰場上歸來嗎？如果你也能在我們鎮上找到一份理想的工作，那我們就可以繼續一起共事，互相照顧了。」

　　眼見老友這麼興致高昂，比利也確實很想多認識這個記憶中的小鎮，於是便欣然答應。

 巧克力是如何做成的？

時間：1945 年 10 月 6 日，8：30 AM

地點：美國賓夕法尼亞州，賀喜鎮。

　　一大早，比利就被窗外飄來的陣陣巧克力香味喚醒。他走出屋外，遠處是大片大片的青草地，草地上有許多黑白相間的乳牛正在那兒悠閒的吃著草。工廠高聳的大煙囪不斷冒出縷縷白煙，運送新鮮牛奶的大卡車川流不息，街道上的人們開始忙碌了起來。啊！真是幅如畫般的美好景象，比利心想，他已經好久不

曾在這麼歡欣的早晨中醒來了。

　　早餐後，喬治帶著比利前往巧克力工廠參觀。一路上，喬治熱情的介紹著這個城鎮的歷史，時不時還停下來用拐杖指指點點：「我們現在放眼可及的地方，原來是一大片玉米田和許多放牧農家。當初密爾頓選擇在這人煙稀少的地方建廠，曾遭到下屬強烈反對，但他腦中已經布下了藍圖，他要用其中六畝地建立起一個巧克力工廠，並且在四周打造出一座城鎮，讓他的員工和家屬能居住其中，享受高品質的生活

環境。不要忘了，這裡還有許多地理優勢，鄰近的農家每天可以供應新鮮牛奶……」

「就像我家一樣。」比利搶著補充。

喬治笑著同意：「沒錯，牛奶可是製作巧克力的重要原料喔。不僅如此，原本穿過玉米田的鐵道也可以加以利用，將可可豆及糖等原料從外地運來，再將做好的巧克力產品藉由鐵路運出去。你說，密爾

頓是不是一位很有眼光的人啊？」

「是是是。」比利隨口回答，一邊好奇的東張西望。兩人來到工廠大門前，幾個工人正從貨車上卸下一個個大麻袋。

「這個是什麼啊？」比利彎下腰，從袋口的縫隙看進去。

「這個啊，是可可豆。」喬治乾脆打開袋子，從裡面抓了幾顆堅硬的棕色豆子放在掌心：「可可豆是從可可樹的果實裡來的，它們多半產在靠近赤道的熱帶雨林地區，而我們工廠的主要任務，就是把它們變成各式各樣美味無比的巧克力啦！」

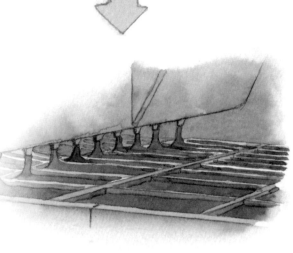

兩_{ㄌㄧㄤ}人_{ㄖㄣ}走_{ㄗㄡ}進_{ㄐㄧㄣ}工_{ㄍㄨㄥ}廠_{ㄔㄤ}，廠_{ㄔㄤ}房_{ㄈㄤ}又_{ㄧㄡ}大_{ㄉㄚ}又_{ㄧㄡ}深_{ㄕㄣ}，整_{ㄓㄥ}齊_{ㄑㄧ}潔_{ㄐㄧㄝ}淨_{ㄐㄧㄥ}且_{ㄑㄧㄝ}設_{ㄕㄜ}備_{ㄅㄟ}齊_{ㄑㄧ}全_{ㄑㄩㄢ}，各_{ㄍㄜ}種_{ㄓㄨㄥ}機_{ㄐㄧ}器_{ㄑㄧ}轟_{ㄏㄨㄥ}隆_{ㄌㄨㄥ}轟_{ㄏㄨㄥ}隆_{ㄌㄨㄥ}有_{ㄧㄡ}秩_ㄓ序_{ㄒㄩ}的_{ㄉㄜ}不_{ㄅㄨ}停_{ㄊㄧㄥ}運_{ㄩㄣ}轉_{ㄓㄨㄢ}。喬_{ㄑㄧㄠ}治_ㄓ沿_{ㄧㄢ}著_{ㄓㄜ}一_ㄧ條_{ㄊㄧㄠ}生_{ㄕㄥ}產_{ㄔㄢ}線_{ㄒㄧㄢ}，解_{ㄐㄧㄝ}說_{ㄕㄨㄛ}著_{ㄓㄜ}牛_{ㄋㄧㄡ}奶_{ㄋㄞ}巧_{ㄑㄧㄠ}克_{ㄎㄜ}力_{ㄌㄧ}棒_{ㄅㄤ}是_ㄕ怎_{ㄗㄣ}麼_{ㄇㄜ}做_{ㄗㄨㄛ}成_{ㄔㄥ}的_{ㄉㄜ}：「運_{ㄩㄣ}來_{ㄌㄞ}的_{ㄉㄜ}可_{ㄎㄜ}可_{ㄎㄜ}豆_{ㄉㄡ}經_{ㄐㄧㄥ}過_{ㄍㄨㄛ}熱_{ㄖㄜ}烤_{ㄎㄠ}的_{ㄉㄜ}處_{ㄔㄨ}置_ㄓ後_{ㄏㄡ}，外_{ㄨㄞ}皮_{ㄆㄧ}脫_{ㄊㄨㄛ}落_{ㄌㄨㄛ}，把_{ㄅㄚ}裡_{ㄌㄧ}面_{ㄇㄧㄢ}的_{ㄉㄜ}果_{ㄍㄨㄛ}仁_{ㄖㄣ}取_{ㄑㄩ}出_{ㄔㄨ}來_{ㄌㄞ}搗_{ㄉㄠ}成_{ㄔㄥ}糊_{ㄏㄨ}狀_{ㄓㄨㄤ}，再_{ㄗㄞ}抽_{ㄔㄡ}離_{ㄌㄧ}其_{ㄑㄧ}中_{ㄓㄨㄥ}叫_{ㄐㄧㄠ}『可_{ㄎㄜ}可_{ㄎㄜ}油_{ㄧㄡ}脂_ㄓ』的_{ㄉㄜ}成_{ㄔㄥ}分_{ㄈㄣ}，剩_{ㄕㄥ}下_{ㄒㄧㄚ}的_{ㄉㄜ}物_ㄨ質_ㄓ就_{ㄐㄧㄡ}稱_{ㄔㄥ}為_{ㄨㄟ}『可_{ㄎㄜ}可_{ㄎㄜ}漿_{ㄐㄧㄤ}』了_{ㄌㄜ}。這_{ㄓㄜ}

時加入適當比例的糖、牛奶，和一些可可油脂，一起不斷的攪拌均勻，讓混合物變得既平滑又有光澤，然後倒入模型中，使它冷卻成型後，就可以包裝好放入紙箱內，牛奶巧克力棒的製作就完工了。」

正說著，比利又看見另一道生產線上的機器正由上往下，擠落出一排排一個個的圓錐形濃漿，整齊規律的節奏伴隨糖漿掉落在鐵板上發出的啵啵聲，簡直就像一場精彩的舞蹈表演！比利轉頭問喬治：「這就是賀喜之吻吧？喔，對了，這名字很有趣，該不會是因為那啵啵聲，就像是在愛人臉頰上輕啄一下的聲音，

所以被稱為賀喜之吻的吧？」

喬治點頭微笑：「嗯，是有這麼一說。」

看著眼前形形色色、分工合作的各種機器，比利讚嘆極了：「我以為生產線都是用來製造汽車那些大型重工業的，沒想到生產線也可以運用在巧克力產品的製作上，怪不得有人說密爾頓・赫爾希是糖果企業中的亨利・福特呢。」

「哎呀，已經快中午啦！」喬治看了看腕錶，順手拿起兩塊巧克力棒的樣品，放入比利的口袋中，說：「走吧，艾蜜莉一定做了很多好菜，等著我們回去吃飯啦。」

傳遞愛的賀喜學校

時間：1945 年 10 月 6 日，12：45 PM

地點：美國賓夕法尼亞州，賀喜
　　　鎮。

　　「兩位先生，今天參觀工廠的感想如何呢？」艾蜜莉一邊在圍裙上擦著手，一邊在餐桌旁坐下，笑著問剛從巧克力工廠回來的喬治和比利。

　　比利立刻興奮的接口：「真是大開眼界！我從來不知道巧克力是這麼做出來的，赫爾希先生是我見過最有頭腦的企業家！」

　　「他擁有的可不只是好頭腦

哦！」喬治笑了笑，說：「你知道鎮上那所賀喜學校嗎？那是由赫爾希夫婦創立的慈善學校。

「密爾頓和妻子凱蒂結婚多年卻一直沒有孩子，但是樂觀的凱蒂對丈夫說：『這世界上有許多沒有父母的孤兒，我們可以把他們都當成是自己的孩子啊！我倆生活簡樸，你在事業上累積的財富，我們是花不完的。不如把錢拿出來為孤兒們蓋所學校吧，讓「我們的孩子」都能享有家庭的溫暖和正規的教育。』」

「真是有愛心的一對夫妻啊！」比利敬佩的感嘆。

「是啊。於是就在 1909 年，密爾頓和凱蒂在賀喜鎮上開設了

一所『賀喜工業學校』。剛開始只收四到十四歲沒有父親的男孩子，後來學校逐漸擴大，目前已經有上千個學生了。

「凱蒂的身體狀況一直不好，她在1915年去世，密爾頓非常傷心，他遵照凱蒂的遺願，把自己所有的財產都捐給學校，擴建校舍，招收更多的學生，並聘請像我這樣的好老師。」喬治頑皮的指指自己，結束了這個故事。

「少吹牛啦！你不要誤人子弟就很好了。」比利假裝嗤之以鼻的哼了一聲。

這時艾蜜莉忽然插口說：「親愛的，明天你不是要和新入學的學生們介紹密爾頓的故事嗎？何不邀請比利也去聽呢？」

「好主意！」喬治雙手一拍，隨即轉頭對比利眨了眨眼：「你明天來當我的學生，就知道我不是誇大其辭啦！」

 巧克力王國的誕生

時間：1945 年 10 月 7 日，9：05 AM

地點：美國賓夕法尼亞州，賀喜鎮。

「人生就像一場戰爭，其中會經過許多大大小小的戰役。也經常會遇到打敗仗的挫折，只有靠不屈不撓的堅定意志，不斷的往前衝，才能贏得戰爭最後的勝利。」喬治站在講臺上，對著新入學的學生們說。

他指向坐在最後一排的比利，說:「比利和我都參與過第二次世界大戰的戰役，我們最能體

會不要怕被打倒的精神是多麼可貴。」他繼續說下去:「我今天要介紹的密爾頓‧赫爾希先生——我們學校的創建人,就是一位不怕失敗,永遠嘗試著向前衝,直到成功的最好榜樣。

　　「密爾頓出生於 1857 年,就在我們學校附近的一個鄉下地方。在他小時候,父親常為了追逐自己的夢想,而攜家帶眷的到處搬家,密爾頓因為經常換學校而總是念不好書。後來母親決定不再讓兒子念書,改送他去學一技之長,將來還可以用來謀生,於是密爾頓十六歲時就被送去糖果店當學徒。當時製作糖果沒有一定的方法可循,用什麼原料、

材料多寡的比例、火候的拿捏，都要靠製糖人自己的創意和不斷的嘗試。密爾頓原本就愛吃糖，他很高興有機會可以利用老闆的廚房，試著做出不同口味的糖果，尤其是那時候很受歡迎的焦糖，他總愛加入一些堅果、薄荷、水果、甜漿什麼的，讓顧客們驚喜連連。

「密爾頓十九歲那年，正逢美國建國一百週年，費城是美國建國時簽訂《獨立宣言》的大城市，到時候會有很多的慶祝活動和造訪遊客。密爾頓想去費城開一家小糖

果店，把甜蜜分送給歡慶的人們。他向親戚借了錢，就前往費城自立門戶了。

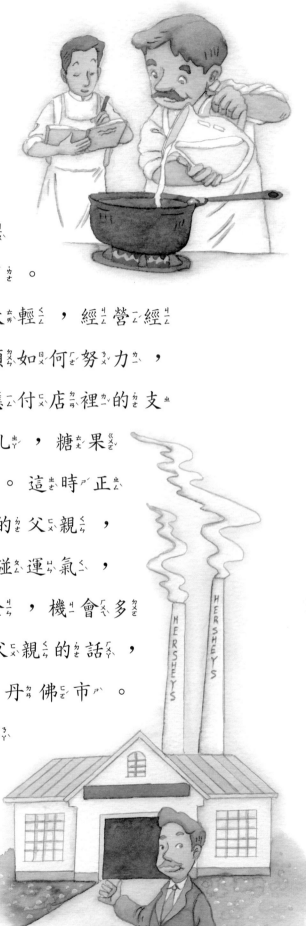

「也許是年紀太輕，經營經驗不夠，不論密爾頓如何努力，他賺的錢永遠不夠應付店裡的支出，經過六年的掙扎，糖果店終於撐不下去了。這時正在美國中西部採礦的父親，要他去克羅拉多州碰運氣，父親說那裡遍地是金，機會多得是。密爾頓聽了父親的話，去了克羅拉多州的丹佛市。但他沒有參加那『碰運氣』的淘金潮，而是腳踏

實地的在糖果店找了一份工作。這家糖果店的焦糖特別好吃，老闆很得意的告訴密爾頓：『因為我用了最新鮮的牛奶，所以我做出來的焦糖特別有嚼勁，而且可以久放不壞。』沒想到這個『用最新鮮牛奶』的祕方，竟成為日後賀喜牛奶巧克力廣受歡迎的重要因素。

「後來，密爾頓又去了芝加哥、紐約等城市闖蕩，不管去哪裡，他都堅持著製作糖果的夢想，然而，做生意也總是需要運氣的，無論他做的焦糖有多好吃、商品多受歡迎，小店卻總是免不了經營不順，關門大吉的命運。

「在外闖蕩了這麼久，密爾頓累了。最後他回到老家蘭開斯特，打算放手一搏，再次試著建立起自己的糖果事業。這次，幸運之神終於眷顧了肯努力的人，密爾頓意外接到一筆來自英國的大訂單，他立刻向銀行貸款，買製糖的工具和機器，開始大規模生產。訂單也源源不斷，『密爾頓・赫爾希・蘭開斯特焦糖公司』的業務從此一飛沖天！

　　「就在公司大獲成功的同時，密爾頓仍不斷觀察市場動向。他發現，焦糖雖然是市面上流行的產品，但香甜綿密的巧克力可能才是未來糖果界的明星。只是因為巧克力的原料可可豆來自偏遠的非洲，製作過程又多靠手工，成本高而售價昂貴，因此巧克力在當時算是一種奢侈品。

　　「於是密爾頓開始思考，要如何才能做出普通人都可以買得起的巧克力糖。直到1893年，美國為了慶祝哥倫布發現新大陸四百週年，特別在芝加哥舉行一個盛大的世界博覽會，許多來自各地的創意產品都在那裡展出。密爾頓在展區中看見一個德國製的

大型機器，是專門為自動做巧克力而設計的。密爾頓深感興趣，他在機器前看了又看，試了又試，站了整整一天，到天黑時終於決定買下這組機器，並立刻運送回蘭開斯特的工廠內，他要在那裡用全新的方式製作巧克力。

「其實當密爾頓站在機器前，他所想的並不只是要不要買這組機器，他思索更多的是怎麼運用機器的自動化功能，達到大量生產巧克力的目的。這樣才可以減少製作成本，進而降低售價。因為唯有便宜，商品才能大眾化。

「密爾頓回到蘭開斯特後，蓋了一座巧克力工廠，用買來的

自動化機器，努力研發生產。1900年，他認為時機成熟了。不顧眾人的反對，毅然決然的以當時一百萬美元的價錢，賣掉了『密爾頓‧赫爾希‧蘭開斯特焦糖公司』，但保留了巧克力工廠的廠房和設備，以及製造巧克力的權利。密爾頓決定不再分心做焦糖生意，他要全力以赴，堅持夢想，打造出一個快樂的巧克力王國！」

嘗試創意，回饋社會

時戶間景 ： 1945 年翁 10 月蟲 7 日眠 ，9 ： 45 AM

地蟲點蟲 ： 美砲國猿賓堯夕玉法瓏尼趴亞亞州蟲 ，賀砲喜玉鎮蟲 。

　　喬治說到這裡，一位白髮老先生敲門進入教室。喬治立刻迎上前去，並向學生們介紹:「這位就是我們的大家長，密爾頓‧赫爾希先生，他知道今天新生入學，特別要來看看他的『孩子們』。」

　　臺下學生都站起來敬禮。老先生看見後面有一位比「孩子們」高出半個頭的比利，不禁有些詫異。喬治急忙說明:「比利是我的戰友，剛剛從前線打勝仗回來。他也是蘭開斯特的人，對您特別崇敬，所以我邀請他來旁聽這堂介紹您的課。」老先生露出慈祥的笑容，點頭和大家打招呼，並要大家坐下。

喬治又說：「比利就是我和您提起過的，在我受傷時，把賀喜軍用巧克力放入我嘴裡的那位好朋友，要不是那塊巧克力的力量支持著我，我可能挺不過來呢。」老先生像孩子般開心的笑著，眨眨眼說：「那你是說，我對第二次世界大戰也做出過一些貢獻了？」

「當然，您的巧克力不僅帶給士兵們熱量和精力，也提升了我們的鬥志。」喬治攙扶著

赫爾希先生站上講臺，說：「可以請您對孩子們說幾句話嗎？」

「當然。」老先生高興的答應，轉頭面向臺下的學生們，說：「就像剛剛喬治老師說的，巧克力的確有著神奇的力量。當年我放棄了正在賺大錢的焦糖公司，全身投入一個不熟悉的巧克力製造行業，正因為我有一個夢想，我想將美味卻昂貴的巧克力，變成物美價廉又大眾化的商品，讓人人都能開心享用。雖然其中經歷許多挫折和失敗，但只

要堅持下去，不斷的嘗試，不斷的實驗，成功的那天總是會來臨的。」

說到這裡，老先生輕咳了兩聲，繼續說道：「孩子們，你們長大後，一定要記住一點，就是要有回饋社會的心。如果將來你們像我一樣從事經營企業，不要只是為了自己賺錢。在賺錢的同時，要照顧好員工的生活。在賺到錢之後，要回饋廣大社會。比如說我建了這所學校，給你們最好的教育，希望你們學成，將來都成為社會上有用的人，並能將你們成功的經驗，告訴更多的年輕人。」

老先生說完，對學生們微微

一笑，才轉過身，拖著有些蹣跚的腳步，緩緩離去。

望著老先生的背影，比利激動的站起身來，他衝動的想要追上前，給老先生一個擁抱，告訴他今天的這席話，鼓勵了剛從戰場上歸來，對前途正不知何去何從的自己，也給了自己繼續往前衝的信心和動力。

他舉起手來，對著老先生的背影揮別。舉手時碰觸到口袋，比利從中取出喬治先前給他的賀喜巧克力棒，放在嘴裡輕輕咬了一口，一絲香甜立刻滲入舌尖，向著窗外陽光，心裡升起一股暖流，他已經準備好迎接美好的一天。

密爾頓・赫爾希 小檔案

MILTON HERSHEY

1857
出生於美國賓州

1872
在蘭開斯特鎮一
家糖果店開始當
學徒

1886
創建「密爾頓・赫爾希・
蘭開斯特焦糖公司」

1893
在芝加哥舉辦的世界
博覽會中,購買德國製
自動化巧克力生產機

1900
以百萬元賣出焦糖公司,另建賀喜
巧克力工廠,專心研發大眾化巧克
力,生產著名的牛奶巧克力棒
(Hershey's Milk Chocolate Bar)

1903
打造出一個供員工居住
生活的天堂──賀喜鎮

1907
發明並製造「賀喜之吻」
(Hershey's Kisses)

1909
與妻子凱蒂在賀喜鎮開
設「賀喜工業學校」,
造福孤兒就學

寫書的人

張燕風

　　一個學硬梆梆數理統計的人，卻有一顆軟綿綿的心，喜愛幻想、圖畫和童書。

　　曾旅居多個國家，常從貼近當地生活的廣告海報、民間故事、或戶外壁畫等畫面中，去了解那塊土地上的歷史和文化。著有《老月份牌廣告畫》、《布牌子商標畫》、及英文作品 "Cloud Weavers" 。

　　現居舊金山和臺灣淡水兩地，快樂的擔當著三民書局童書「近代領航人物」及「創意MAKER」系列的主編。

畫畫的人

吳楚璿

　　1967 年生於臺灣桃園，自小酷愛繪畫；1985 年畢業於復興商工設計組；1993 年修業於實踐大學應用美術系；1997 年獲選國立編譯館優良漫畫第二名。

　　從小就喜歡塗鴉，沉溺於色彩中，在色彩堆砌的遊戲中，滿足了無限的創作欲望。畫紙上瑰麗的色彩，承載的是童年所有的理想與夢。

1942
生產不易溶化的軍用巧克力棒，供二次世界大戰時美軍軍用補給品

1945
在美國賓州賀喜鎮去世

創意 MAKER

創意驚奇雲

飛越地平線， 在雲的另一端，

撥開朵朵白雲，你會看見一道亮光……

是 **創意 MAKER** 的燈泡**亮**了！

跟著它們一起，向著光飛翔，由它們指引你未來的方向：

（請依直覺選擇最具創意的顏色）

選 的你
請跟著畢卡索、艾雪、安迪‧沃荷、手塚治虫、鄧肯、凱迪克、布列松、達利,在各種藝術領域上大展創意。

選 的你
請跟著盛田昭夫、7-Eleven創辦家族、大衛‧奧格威、密爾頓‧赫爾希,想像引領創新企業的挑戰。

選 的你
請跟著高第、樂高父子、喬治‧伊士曼、史蒂文生、李維‧史特勞斯,體驗創意新設計的樂趣。

選 的你
請跟著麥克沃特兄弟、格林兄弟、法布爾,將創思奇想記錄下來,寫出你創意滿滿的故事。

本系列特色:

1. 精選東西方人物,一網打盡全球創意 MAKER。
2. 國內外得獎作者、繪者大集合,聯手打造創意故事。
3. 驚奇的情節,精美的插圖,加上高質感印刷,保證物超所值!

還有!還有!

內附注音,小朋友也能「自‧己‧讀」!
創意 MAKER 是小朋友的必備創意讀物,
培養孩子創意的最佳選擇!